Marion Küstenmacher

# Der offene Augenblick

*Kleine Mystik für Neugierige*

Kösel

# DER OFFENE AUGENBLICK

*In einem einzigen Augenblick, so kurz er auch ist,*
*kann man den Himmel gewinnen und verlieren.*
*Die Wolke des Nichtwissens*

Dieses Buch ist ein Bilder-Buch. Es enthält Bilder, die von Künstlern verschiedener Epochen auf Leinwand gemalt wurden. Genauer gesagt, enthält es Bildausschnitte und Vergrößerungen von Details, die plötzlich in den Vordergrund unserer Wahrnehmung treten dürfen.

Durch den großen Fortschritt digitaler Reproduktionsmöglichkeiten ergeben sich für uns ganz neue Möglichkeiten des Schauens. Manches hätte man mit dem bloßen Auge vor dem Original kaum wahrnehmen können. Anderes wäre vielleicht als beiläufiges Detail übersehen worden. Nun öffnen sich unsere Augen dafür. Ob Federchen, Schüssel, Graspolster, Pinsel, Kissen oder Papier – alle diese Dinge kommen nun in Großaufnahme für sich alleine daher. Sie treten aus der Stille heraus in unsere Wahrnehmung und füllen den Augenblick mit der überraschenden Unmittelbarkeit ihres Da-Seins.

Wir erleben, dass sie zahlreiche Assoziationen, Erinnerungen, Widerstände oder Sehnsüchte wecken. Das trifft besonders für Bilder aus der Hand großer Künstler zu, wie zum Beispiel Fra Angelico, Ingres, Toulouse-Lautrec, Monet oder van Gogh. Der aufmerksame Blick dieser Meister zielt auf das Wesentliche und ruft unser eigenes Wesen an. Auf diese Weise können uns einzelne Bildelemente viel über die »verborgene Wirklichkeit« in uns und hinter allen Dingen verraten. Jeder kann dieses subtile Schauen im eigenen Alltag praktizieren. Es braucht nur die Bereitschaft, zu verweilen und ins Herz der Dinge blicken zu wollen. Dann kann jedes Motiv zur »Diaphanie«, zum offenen Augenblick werden und mit unserer Seele in Dialog treten: Graffitimuster auf einem Vorstadtzug, das Fruchtfleisch einer aufgeschnittenen Orange, die Kerben in einer alten Tischplatte.

Dieses Buch enthält aber noch mehr Bilder. Sie wurden in den subtilen Bewusstseinsschichten von Mystikerseelen geboren und später von ihnen in farbige Worte und Vergleiche gefasst. Mystiker wissen, dass sie damit nie das wiedergeben können, was sie tatsächlich in ihrer geistigen Schau gesehen haben. Sie wissen auch, dass die tieferen mystischen Erfahrungen hinter der Grenze der Bilder gemacht werden. Aber sie möchten mit ihren bildhaften Schilderungen wenigstens die schlummernde Intuition für das mystische Erleben im Herzen wecken. Sie vertrauen darauf, dass in jedem bereits eine echte Ahnung des Göttlichen oder Unendlichen wohnt. Und so setzen sie ihre aus der Seele aufgestiegenen Bilder als attraktive Lockmittel ein: Sie ziehen uns an und sie ziehen uns zu Gott hin.

Alle Mystikerworte wurden aus ihrem ursprünglichen Textzusammenhang gelöst und nehmen nun gemeinsam mit den Kunstwerken auf einer Doppelseite den Charakter eines Fernglases an. Durch diese »Doppelgläser« werden fünfzehn Stationen auf dem mystischen Weg herangezoomt. Dabei geht es nicht um eine strenge Abfolge, eher um ein intuitiv zu durchschreitendes Feld voller Überraschungen. Die individuellen Entwicklungswege sind immer bunter, origineller und kreativer als jedes Schema. Es geht um den Spannungsbogen, unter dem jeder wichtige Erfahrungen des eigenen Weges einordnen kann.

So beginnt dieses Buch mit dem Hören auf sich selbst und der Wiederbelebung des Staunens. Dann übt man, zwischen Alltagsbewusstsein und innerseelischer Wirklichkeit zu unterscheiden. Man spürt die Zugkraft von innen und sucht immer öfter nach Zeiten der Stille. Lauschend erlernt man das Zwiegespräch des Schweigens. Durch das Loslassen von Gedanken, Gefühlen und Wünschen wächst der innere Raum. Vielleicht stößt man auch auf den eigenen Schatten, auf Unreifes, Verletztes, Erlittenes. Mystik weicht dem Dunklen nicht aus, nicht einmal dem schmerzlichen Gefühl, Gott ganz verloren zu haben. An dieser Stelle kann man aufgeben – oder einen kühnen Akt des Vertrauens wagen. Dann liebt sich die Seele durch ihr Leid hindurch – hin zum verborgenen Licht. Die nächsten Schritte zeugen von der Größe der Seele und der hinreißenden Liebesfähigkeit unseres Herzens. Radikale Hingabe erfordert den Mut, sich der Liebe ganz zu überlassen und ihre göttlichen Geschenke anzunehmen. Dieser Reichtum will nicht gehortet werden. Er will zum Dienst an anderen Menschen, an der Welt führen. Menschen, die diesen Schatz gehoben und weitergeschenkt haben, fühlen sich nicht arm, ihnen gehört der Kosmos, sie sind in den göttlichen Urgrund der All-Einheit getaucht und feiern Gott in allen Dingen.

Jederzeit, lehrt uns der Weg der Mystik, kann sich der offene Augenblick auftun, in dem wir begreifen: Wir sind selbst Angeschaute und immer nur einen Atemzug und einen Wimpernschlag von der Erkenntnis Gottes entfernt.

## DIE TROMMEL

Wenn ein Mensch mit seinen Gefährten
nicht Schritt hält,
so tut er es vielleicht deshalb nicht,
weil er einen anderen Trommler hört.
Lasst ihn zu der Musik schreiten, die er
vernimmt,
aus welcher Ferne sie auch komme
und in welchem Takt auch immer.

HENRY DAVID THOREAU

**DEN KLANG** der inneren Trommel hören wir nicht unbedingt sofort. Oft ist er überdeckt von den vielfältigen Stimmen, Rufen und Rhythmen, die uns die äußere Welt mit ihren Taktschlägen vorgibt. An sie haben wir unseren Schritt angepasst. Von ihnen lassen wir uns bestimmen und mitziehen. Irgendwann aber hören wir plötzlich einen anderen Ton. Er löst eine seltsame Sehnsucht aus und das Gefühl, uns an etwas unendlich Wichtiges zu erinnern.

Wer seinen Schritt verlangsamt und innehält, um diesem Klang zu lauschen, wundert sich bald, dass die anderen ihn nicht vernehmen. Wie sollten sie auch? Dieser besondere Rhythmus berührt die Schwingungsmembran eines einzigen Herzens. Er ist nur für einen selbst bestimmt. Sein fern-naher Klang ist bestimmt und sanft zugleich. Sein Widerhall im Inneren ist ein Wiedererkennen. Mit ihm erinnert sich das Herz an seine ursprüngliche Lebendigkeit und Größe. Bewegt von der Musik, die aus der Seele quillt, kann ich mich von einem unbewussten, konventionellen Leben lösen. Denn die innere Trommel schlägt dabei so genau im Takt meines überraschten Herzens, dass es mich dazu drängt, zu einem authentischen Leben zu erwachen.

Jedes spirituelle Erwachen ist mit einem Aufbruch verbunden. Es ähnelt einer Reise in unbekannte innere und äußere Gefilde. Die Trommel ertönt meistens bei notwendigen

Umstellungen im äußeren Lebensstil. Vor allem aber weist sie uns den Weg zu den wundersamsten Regionen der Seele. Sie vitalisiert und mobilisiert die seelische Energie, die wir für den mystischen Weg brauchen. Sie hilft uns, Schritt für Schritt vorwärts zu gehen und dabei selbst die Verantwortung für die eigene spirituelle Entwicklung zu übernehmen.

Aber wer schlägt sie? Es ist der andere Trommler, niemand anderer als der grenzenlose göttliche Geist, als Gott selbst, der mich ebenso herausfordernd wie zart an mich erinnert. Er ist der beste Verbündete meiner Seele. Seinem Weckruf zu folgen erfordert Mut. Will ich das mystische Abenteuer wagen, meinem ureigenen Leben in Gott entgegenzutreten und es wirklich zu leben? Bin ich bereit, nicht auszuweichen, wenn es einmal schwierig wird? Wofür möchte ich gelebt haben?

All das fragt mich die Trommel. Wenn ich ihrem unverwechselbaren Rhythmus lausche, dann höre ich, wie der Mystiker Nikolaus von Kues, im Trommelton die Zusage Gottes: »Sei du dein und ich werde dein sein!«

Was für eine Einladung, was für eine Verheißung!

## DIE WIESE

Du wirst kein Buch finden,
in dem du mehr göttliche Weisheit finden
 und erforschen kannst,
als wenn du auf eine blühende Wiese gehst.
Da wirst du die wundersame Kraft Gottes riechen
 und schmecken,
obwohl es nur ein Gleichnis ist;
die göttliche Kraft ist hier zur Materie geworden
und Gott hat sich im Gleichnis offenbart.
Aber für den Suchenden ist es ein lieber Lehrmeister.
Er findet viel allda.

JAKOB BÖHME

**NIEMAND WIRD** als Mystiker geboren. Mystiker wird, wer die Augen des Herzens öffnet, um die Wirklichkeit ganz neu zu erfassen. Oft ist die erste Lehrmeisterin für die Einübung in die spirituelle Form des Sehens die Natur. Hier kann ich die Kunst des absichtslosen Schauens und Wahrnehmens am leichtesten erlernen und üben. Fast alle Mystiker sind diesen Weg hinaus ins Freie gegangen und haben von Steinen und Käfern, Blumen und Bäumen, Quellen und Wolken gelernt, wie man der Wirklichkeit Gottes ins Herz schaut.

Jakob Böhmes liebenswürdige Einstiegsübung für angehende Mystikerinnen und Mystiker ist ebenso schlicht wie tief: Lerne mit allen deinen fünf Sinnen eine blühende Wiese zu »lesen«. Konzentriere deine Aufmerksamkeit auf diese grüne Symphonie. Erfasse die Wiese als einen lebendigen Meditationsteppich unter deinen Füßen. Welche Farben, Klänge, Düfte kannst du unterscheiden? Welchen Geschmack haben die Kräuter für dich? Welche Kraft hat der Wind, der durch die Halme streicht? Welche Bewegungen vollziehen die Gräser unter deinen Händen? Wie fühlt sich der Erdboden an, wenn du dich auf die Wiese legst? Gibt es eine Resonanz zwischen deinem eigenen Körper und dem der Wiese? Was ist, wenn du beim Atmen den Rhythmus der Wiese übernimmst? Wo in dir kannst du das unablässige Singen und Schwingen um dich herum am besten wahrnehmen?

Wenn sich die Sinneswahrnehmungen verfeinern und die Aufmerksamkeit bewusster wird, wird die Wiese zu einem Tor in die Welt des Staunens. Der Blick fällt durch das Vergrößerungsglas des offenen Schauens und wandelt das Gewohnte ins Ungewöhnliche. Ich schaue die Wirklichkeit mit »frischen« Augen an und spüre die Unmittelbarkeit allen Seins. Was ich sehe, zeigt sich mir im Jetzt, es tritt in diesem einen Augenblick in mein Bewusstsein.

Mystiker trainieren also mit der Naturbetrachtung ein Bewusstsein, das sich wach und fest im Gegenwärtigsein verankern kann. Damit lässt sich jeder Aspekt von Wirklichkeit, der in der Wahrnehmung auftaucht, »ausschmecken« (lat. »sapere«), ohne ihn abzuwehren oder abzuwerten. Das wiederum führt letztlich zur »sapientia«, der Weisheit des Erkennens. Sie fühlt: Es gibt nichts außerhalb des Jetzt und es gibt nichts, das nicht von göttlicher Energie durchdrungen ist. Mit der Tiefe des Gefühls wahrgenommen, schmeckt die ganze Schöpfung nach Gott. Der bewusste Spaziergang des Geistes über die Wiese offenbart die geheime Tiefendimension aller Wirklichkeit. Und mit dieser in der Natur gewonnenen Gewissheit wenden sich Mystiker ihrem eigenen Inneren zu, um auch dort nach Gott zu forschen.

## DIE TÜR UND DIE ANGEL

Nun sollst du wissen, dass der äußere Mensch sich
aktiv betätigen kann,
doch der innere Mensch davon ganz frei und unbe-
wegt bleibt.
Eine Tür geht in einer Angel auf und zu.
Nun vergleiche ich das äußere Blatt der Tür dem
äußeren Menschen,
die Angel aber setze ich dem inneren Menschen gleich.
Wenn nun die Tür auf- und zugeht, so bewegt sich das
Türblatt hin und her,
und doch bleibt die Angel unbeweglich an ihrer Stelle
und wird deshalb niemals verändert.

MEISTER ECKHART

**AUCH WER** sich wenig für Psychologie interessiert, weiß, dass sich das eigene Innere von der Persönlichkeit unterscheidet, als die man von außen wahrgenommen wird. »Ich bin eigentlich ganz anders, aber ich komme so selten dazu«, sagt ein Bonmot von Ödön von Horváth. Was wir als typische Erfahrung der Moderne betrachten, nennt Meister Eckhart den Unterschied zwischen dem inneren und äußeren Menschen. Letzterer ist aktiv, gestaltet den Alltag und konzentriert seine Energien auf die Bewältigung einer Fülle von Aufgaben. Kennt man aber nichts anderes, so geht das zulasten des inneren Menschen. Oft stellt sich eine existenzielle Erschöpfung ein, eine unbestimmte Melancholie, ein Entfremdungsgefühl oder Sinnmangel. Aus spiritueller Sicht sind das Zeichen dafür, dass die Seele ohne bewusst geübte Einbettung in ihren göttlichen Ursprung ihre Kraft verliert und ausblutet. Der innere Mensch sehnt sich nach Zuwendung durch Kontemplation. Mystiker halten Aktion und Kontemplation zusammen, aber nicht, um ihre Leistungsfähigkeit durch Entspannungstechniken zu erhalten. Mystik hat eben andere Ziele als life-work-balance.

Eine kleine Angel wie in Eckharts Gleichnis fällt kaum ins Auge, wenn man vor einer Tür steht. Trotzdem ist sie der entscheidende Drehpunkt, ohne den eine Tür weder geöffnet noch geschlossen werden kann. Eine Angel muss zudem gut im tragenden Mauerwerk verankert sein, um das schwere Türblatt auf lange Zeit leicht und frei bewegen zu können. Die Angel ist der Teil in uns, der sich in die unendliche Kraft, vitale Stärke und lebendige Tiefe Gottes fest eingebunden weiß. So symbolisiert die Angel den geistlichen Menschen, der seinen zentralen Haltepunkt im kontemplativen Leben und in Gott sucht.

Viele Lebenstüren quietschen oder sind schlecht gängig; erst wenn ich in der Stille ihre Aufhängung in der Angel gleichsam »öle«, ändert sich das. Jedes bewusste Innehalten, jede Atemübung zur Vergegenwärtigung, jede Auszeit zur inneren Sammlung durch Schweigen, Gebet und Versenkung kräftigt den Wirkungsbereich der Angel. Durch diesen ruhenden Pol bleiben die Kernkräfte der Seele gesammelt, sie veräußert sich nicht mehr nur nach draußen. Nun kann sie ihre Lebenskräfte bündeln und potenzieren. Das ist keine Weltflucht. Mit einer gut gepflegten Angel kann man sicher sein, dass der äußere Wirkungsbereich niemals klein bleibt. Wer sein Bewusstsein so in das riesige Wirkfeld des Geistes »eingehängt« hat, kann seine aktive Tür ins Leben weit aufstoßen und viel Gutes als Mensch unter Menschen vollbringen.

## DER FLAUM

Die Seele gleicht einem feinen Flaumfederchen.
Solange es nicht feucht und verschmutzt ist,
wird es dank seiner Leichtigkeit vom Wind in die Höhe getragen.
Das Gewicht von Verunreinigungen aber
drückt es zur Erde hinab.
Genauso ist es mit der Seele.
Wenn sie nicht durch Laster, Begierden und Sorgen
beschwert ist,
kann sie dank ihrer Wesensreinheit der leiseste Geisteshauch
in der Kontemplation zum Himmlischen und Unsichtbaren
emporziehen.
Befreit von aller Erdenschwere durchdringt sie
die Grenzen zu einer anderen Dimension der Wirklichkeit.

JOHANNES CASSIAN

**DAS LEBEN** macht es uns nicht immer leicht. Und wir es uns auch nicht. Schmerzliche Erfahrungen, vielerlei Sorgen, unerreichbare Wünsche, negative Gedanken, falsche Selbstbilder, festgefahrene Einstellungen, tausenderlei Ablenkungen – viel Ungutes und Unnötiges wird ständig in unser Inneres geschwemmt. Diese ungehemmten Fluten von außen sind Dauerstress für die Seele. Sie drücken ihr feines Gefieder nieder, das dazu bestimmt ist, sie vom Aufwind des Geistes in die Höhe zu tragen. Zum mystischen Weg gehört es darum, die Leichtigkeit der Seele wiederherzustellen. Möglichst bevor sie durchnässt, verklebt und erschöpft am Boden liegt, sollte man eine »Flaumreinigung« durch heilsame Selbst-Unterbrechung einleiten. Nur so kann man die verschmutzenden Faktoren im eigenen Denken, Fühlen und Verhalten erkennen und reduzieren. Es heißt aber auch, die permanenten Anforderungen des äußeren Getriebes zu unterbrechen und sich zurückzuziehen in die Stille und das Alleinsein.

Thomas Müntzer, ein Weggefährte Luthers, nennt diesen doppelten Klärungsprozess eine »Entgröberung«, bei der man frei wird von seiner »angenommenen Weise« und vom »Ankleben an die Welt«. Um herauszufinden, was die eigene Seele am flaumleichten Flug hindert und verklebt, genügen drei Felder zur Prüfung: Erstens die eigene Abhängigkeit von Besitz und Konsum. Zweitens der eigene Umgang mit Einfluss bzw. Macht. Und drittens die Bedürftigkeit oder Kränkbarkeit des Ego. Wer hier Fehlhaltungen erkennen und loslassen kann, der pilgert bereits auf der *via purgativa,* dem Teil des mystischen Pfades, der der Reinigung dient.

Das Bild vom zarten Flaumfederchen kann aber auch als wunderbar sanfte Vergegenwärtigung eines vertrauenswürdigen Gottesbildes dienen. Intuitiv spüren wir die tiefe Verwandtschaft, das natürliche Zusammengehörigkeitsgefühl zwischen der feinen Seele und Gott. Die kleine Flaumfeder ist durchlässig geworden für das Leise, das Schwebende in Gott. Sie ist wehrlos in ihrer Leichtigkeit, die es ihr leicht macht, sich vom Geist Gottes ergreifen und erheben zu lassen. Sie ist stark genug, den schimmernden Flügel der Liebe als einzigen Schutz über sich zu wählen, was immer auch geschieht.

Wer den feinen Flaum meditiert, spürt intuitiv, wie zart und groß zugleich Gott gedacht werden muss. So groß wie das Entzücken der Seele, die erkennt: Ich bin ein sehr zarter Aspekt dieses unüberbietbar zärtlichen Gottes.

RODDRICK
ALPHONSVS.

## DAS PAPIER

Das Allerfeinste ist es, wenn du dein Herz
wie ein weißes Blatt Papier bereitest und offenlegst.
Weißt du warum?
Dann kann die göttliche Weisheit
das darauf schreiben, was ihr gefällt.
Gottes Liebe braucht ja Platz, damit sie sich dir zeigen kann.
Weißt du, was du dafür tun kannst?
Du kannst dich für ein Weilchen
aus dem alltäglichen Geschehen zurückziehen.
Und du schweigst ein bisschen,
ohne irgendetwas zu tun oder gar erkennen zu wollen.

MIGUEL DE MOLINOS

**DIE MYSTIK** ist ein Weg zu Gott, der über die Brücke des Schweigens führt. Dazu gehört, dass wir uns täglich »für ein Weilchen« aus den eigenen Aktivitäten zurückziehen und bewusst mit Stille beschenken. Diese Stille finden wir im Inneren. Sie wird von Mystikern als »innerstes Ruheplätzchen« oder als »Einsiedelei des Herzens« beschrieben. Sie ist der einzige Ort, an dem wir die Freiheit haben, den Dingen, Themen und Bildern der Welt den Zutritt zu verwehren. Wir brauchen diese innere Eremitage aus Schweigen und Stille, denn nur hier kann sich unser Bewusstsein selbst wahrnehmen, ohne dass es von irgendetwas abgelenkt ist.

Wer dieses Herzenshaus des papierweißen Schweigens betritt, übt sich darin, nichts machen oder erreichen zu wollen. Er hält sein Herz wach und empfänglich für das, was sich zeigen will. Diese aufmerksame Absichtslosigkeit ist die eigentliche Kunst, die im schweigenden Gewahrsein oder im Gebet der Stille geübt wird.

Alle, die Schweigen als geistliche Übung praktizieren, kennen die Schwierigkeiten, mit denen sie dabei konfrontiert werden. Vom leeren Zustand des blütenreinen, unbeschriebenen Papiers ist unser Bewusstsein anfangs meilenweit entfernt. Unser Verstand diktiert unentwegt seine Kommentare, seine Wünsche und seine Einwände auf die Innenwände unseres Schweigeraums. Und wenn die Gedanken tatsächlich einmal Pause machen, dann übermalen unsere Gefühle und Fantasien unsere weißen Seelenwände so bunt und dicht, dass von ihnen nicht mehr viel zu sehen ist. Oft hilft es, sich einfach auf den kleinen, freien Raum zwischen zwei Gedanken, Gefühlen und Atemzügen zu konzentrieren. Er weist den Weg ins Herz der Stille.

Ein weiteres gutes Mittel ist sanfte Beharrlichkeit. Die mystische Papierübung kommt schlicht daher, aber wenn wir sie konsequent praktizieren, merken wir, wie wirkungsvoll sie ist. Sie untergräbt auf friedfertige Weise die gewohnte Ablenkung durch die schwarze Oberflächenschrift äußerer wie innerer Reize, Dinge und Handlungsmöglichkeiten. Durch diesen »Bildschirmreiniger« wird das Bewusstsein von den Überfüllungen befreit, die das Ich permanent zu seiner Orientierung erzeugt. Endlich darf sich das eigene Gewahrsein wieder auf den reinen friedlichen Grund darunter richten. Die laute Textschicht aus der Eigenproduktion des Ich, die diese Schönheit überdeckte, ist abgetragen.

Nun, da wir uns nicht mehr mit dem Eigenen zufriedengeben, können wir das Große, Umfassende darunter lesen lernen: den hinreißenden Text der Liebe, den Gott in die schneeweiße Seele zu schreiben vermag.

## DER SCHNEE

Wenn du nach Gott Ausschau hältst,
ist Gott im Blick deiner Augen,
im Daran-Denken,
dass du schaust,
dir näher als dein Selbst oder Dinge,
die dir widerfahren sind.
Es ist nicht nötig, nach draußen zu gehen.
Sei Schnee, der schmilzt.
Wasch dich ab von dir.

DSCHELALEDDIN RUMI

**MYSTISCHE ERFAHRUNGEN** sind wach erlebte, ganz besondere Bewusstseinszustände im eigenen Inneren. So wie Wasser sich bei unterschiedlichen Temperaturen zu Dampf, Nebel, Regen, Schnee oder Eis verwandeln kann, so kann sich der Zustand des menschlichen Bewusstseins durch »Ausschau halten nach Gott« in Meditation und Gebet ändern.

Eine Voraussetzung für tiefere mystische Erfahrungen ist die Befreiung von der Anhaftung an das eigene Ich. Das ist eine ziemliche Herausforderung. Am Anfang agiert man ja als unbewusstes Ich. Man hat nichts anderes als seine egozentrische Perspektive, also ein undurchdringlicher seelischer Zustand. Mystiker nennen ihn »Ego-Schachtel«, »enge Kammer« oder »Käfig des Bewusstseins«. Das Ego erzeugt ihn durchaus auch zu unserem Schutz, aber letztlich wird man dabei zum Gefangenen seiner eigenen Definitionen über sich, andere und die Welt. Erst wenn man sich selbst beobachten kann, fallen einem die ständigen Abgrenzungsmanöver und Kontrollen des eigenen Ich auf. Man erkennt, dass es eine Selbsttäuschung des Ego ist, sich für vollständig, unabhängig und autonom zu halten. Damit wird es blind für die grenzenlose, leuchtende Allgegenwart des Geistes. Die Folge ist Selbst- und Gottesvergessenheit.

Sobald man aber die Bewusstseinsverengung durchschauen und durch den Blick auf Gott ersetzen kann, ist die Abgeschlossenheit und Macht des Ego durchbrochen. Es gleicht jetzt weniger einem Gefängnis als einem Schneegestöber, hinter dessen Flockenwirbel der unfassbar große Raum göttlicher Präsenz auftaucht. Dieser Raum ist ruhig, friedlich, endlos und bestürzend klar. Vor allem aber zeigt schon der kleinste Blick hinein: Es ist der Raum der Liebe.

Der Mut der Mystiker besteht darin, sich mitten in das blinde Schneegestöber ihres Ego zu stellen, die Augen allein auf den dahinterliegenden Gottesraum zu richten und im festen Vertrauen darauf ihr Ich loszulassen. Gerhard Tersteegen zum Beispiel bat Gott mit folgenden Worten um Hilfe für diesen Prozess: »Lass dieses Ich untergehen und sei du allein alles in allem. Führe so mich ganz aus mir selbst und dem Meinen heraus in dich, o mein Gott, mein Ursprung und mein Ziel. So bin ich nicht mehr im Schein, sondern im Wesen.«

Um die Welt der Erscheinungen zu verlassen und die Welt der Wirklichkeit zu betreten, braucht es keine harsche Askese. Rumis Bild der Schneeschmelze ist ein bemerkenswert sanfter Akt, der sich in der Stille vollzieht. Sobald das Sonnenlicht des Geistes durchbricht, bringt der wärmende Blick der Liebe alle Eisblöcke, Verharschungen und Schneeverwehungen im eigenen Herzen zum Schmelzen.

## DAS KISSEN

*Wie Gott die Seele liebt:*
Du bist mein überaus sanftes Schlummerkissen,
mein schönstes Liebesbett,
meine heimlichste Ruhe,
meine tiefste Sehnsucht,
meine höchste Herrlichkeit.

MECHTHILD VON MAGDEBURG

**IM GRUNDE** ist es ein riskanter Akt, wenn eine Mystikerin es unternimmt, sensible, ja intime Notizen über die subtilen Momente zu verfassen, die sie im schweigenden Gebet erlebt. Es ist aber auch ein Glück, dass Mechthild dazu den Mut fand und die passenden Worte. So ahne ich eher, wie sich das Zwiegespräch des Schweigens zwischen Gott und der Seele vollzieht. Zunächst einmal muss ich ganz Ohr werden. Durch das Lauschen mit den empfindsamen Ohren der eigenen Herzinnenwände vertieft sich die Kontemplation so sehr, dass ich das »verborgene Wort Gottes«, die unbeschreiblich zarte Stimme des Geistes höre, während ich in ihm ruhe. Diese »heimliche Ruhe« einer wahrhaft tiefen Versenkung wird durch die Bereitschaft erzeugt, sich ganz in die Flüsterstille einer Liebesbegegnung einzubetten.

Die Seele schüttelt gleichsam ein überaus weiches Kissen aus sanftem Gewahrsein für Gott auf, das ihn betört und unwiderstehlich zu ihr hinzieht. Mechthild erklärt an anderer Stelle, dass man so »den großen Gott in das kleine Herz zieht und damit zwei Liebende zusammenbringt, Gott und die Seele«. Die Liebe zwingt die Seele dazu, dass sie Gott über alle Maßen liebt. Die Versenkung ins Ruhegebet aber zwingt Gott dazu, dass er die Seele liebt. Höher kann man die Macht der Seele kaum einschätzen. Ab hier gibt es kein Gefälle mehr in der Beziehung. Wo die Liebe die Liebe anzieht, drängt Gleiches zu Gleichem und feiert gemeinsam die höchste Herrlichkeit des Beisammenseins.

Ein anderer Mystiker, Francisco de Osuna, fand ein ähnliches Bild: Gott und die Seele schlafen wie vertraute Freunde zusammen in einer Herberge und die Liebe hat sie so angeglichen, dass sie ununterscheidbar sind. So sehr, dass man dem einen zuschreiben wird, was der andere tut.

Das Bild vom Schlummerkissen wirft vielleicht auch ein mystisches Licht auf das einzige Kissen, das in der Bibel vorkommt (Markus 4,38). Es liegt im hinteren Teil eines Bootes und Jesus schläft seelenruhig darauf, obwohl schon die Sturmwellen ins Boot schlagen. Wenn Jesus, während sein Kopf auf diesem Kissen lag, aber gar nicht im herkömmlichen Sinne schlief? Wenn er stattdessen in tiefer Versenkung selbst am Herzen Gottes ruhte, in wachem Traumbewusstsein und in den Herzschlag der göttlichen Liebe vertieft? Wenn er noch tiefer eingetaucht war in die Seligkeit und Freude des Einsseins, die die unbeschreibliche Süße und Fülle, Wonne und Lust unmittelbarer Gotteserfahrung erzeugt?

Wer diesem Herzschlag der Liebe selbst einmal gelauscht hat, selbst einmal in ihn hinein versunken ist wie in ein Kissen, kann wie Jesus so gewiss, warmherzig, innig und leidenschaftlich zugleich verkünden, dass da, wo Gott die Liebe ist, nicht mehr zwei sein können, sondern immer nur eins.

## DAS FENSTER

Unter den Leiden, die uns von Gott scheiden wollen
wie eine Wand, ja eine Mauer,
steht er verborgen
und sieht doch auf mich und lässt mich nicht.
Denn er steht und ist bereit, in Gnaden zu helfen,
und durch die Fenster des dunklen Glaubens
lässt er sich sehen.

MARTIN LUTHER

**DAS FENSTER** des dunklen Glaubens steht für die Erfahrungen mit der schwierigen Seite des mystischen Weges. Irgendwann wird man von dem traurigen Gefühl befallen, dass das eigene spirituelle Leben total stagniert. Der schöne Regen andächtiger Empfindungen bleibt aus, der die Fenster der Seele bisher leidlich sauber gewaschen hat. Wo gerade noch freundliches Licht in die inneren Bewusstseinskammern fiel, herrscht nun lichtloses Dunkel. Auch die blitzartigen Erhellungen wunderbarer Gipfelerlebnisse und intimer Gottesbegegnungen sind verschwunden. Man mag beten, meditieren, sich versenken, es tut sich nichts. Mit dem Gefühl, dass alles umsonst war, dass sich weitermachen nicht lohnt und alles verloren ist, findet man sich allein in der Dunkelheit des Seelenhauses wieder. Die Fenster scheinen dauerhaft erblindet oder für immer mit Trauerflor verhangen zu sein. Was bleibt, ist bleierne Gleichgültigkeit, geistige Ermattung und Orientierungslosigkeit.

Graf Dürckheim nannte diese schwierige Phase der Verdunkelung im Seelenleben die »aushöhlende Verlassenheit«. Das Verstörendste an diesem Stillstand, der lange andauern kann, ist das bedrückende Gefühl der Abwesenheit Gottes. Es ist die Passion der inneren Einsamkeit, die daraus entsteht, dass wir es nun mit dem eigenen, unbewussten Widerstand gegen die absolute All-Einheit Gottes zu tun bekommen. Sogar die vom Ego gereinigte Seele will noch an ihren dualistischen Definitionen von Gut und Schlecht,

Hell und Dunkel, Gott und Nicht-Gott festhalten – und genau dieses letzte Wollen zieht sie weg und verhindert die Vereinigung mit der ewigen Gegenwart des Absoluten. Alles, was Gott für uns sein soll und tun soll, trennt sofort von ihm. Das eigene Kategorisieren, Machen und Wollen schwärzt die Fenster des Bewusstseins und verhindert, dass wir die strahlende Präsenz Gottes im Hier und Jetzt erkennen.

So geraten wir in immer größere Bedrängnis. Die einzige Möglichkeit, die jetzt noch bleibt, ist der Glaube daran, dass sich Gott niemals von uns abwendet. Er kann es gar nicht! Der Geist des Absoluten ist in allen und allem anwesend, ob wir ihn darin wahrnehmen können oder nicht.

Mit diesem Vertrauen müssen wir den Punkt auf der dunklen Fensterscheibe der Wirklichkeit suchen, in den hinein wir lieben, ohne Widerstand, ohne Wünsche, ohne Bestätigung, ohne Rückversicherung und ohne Trost. So lernen wir, zu lieben wie Gott liebt, ohne jeden Zweck, bedingungslos und unbegrenzt.

Wer dahin gelangt, kann überall mit Gott eins sein und wie Dschelaleddin Rumi sagen: »Die Liebe ist der Einklang mit dem Geliebten – in Anwesenheit und Abwesenheit.«

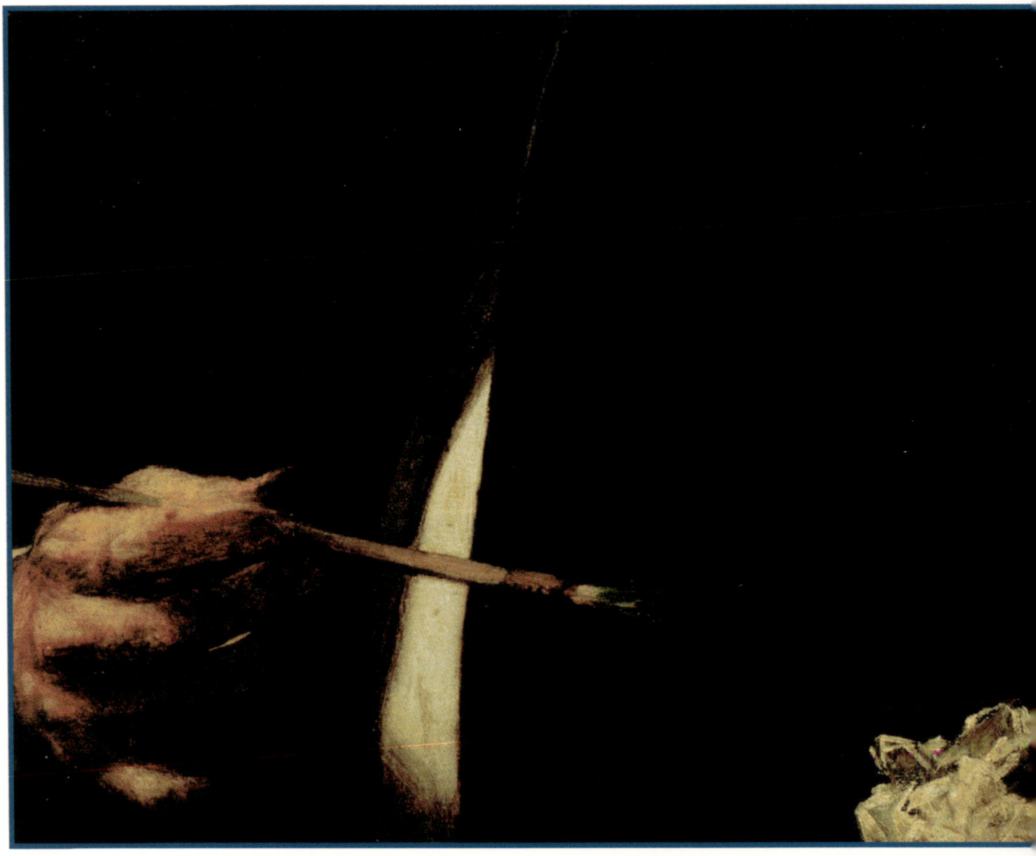

## DER PINSEL

Ich bin ein reines Nichts,
aber Gott ist alles in mir.
Er lehrt mich, er wirkt, er redet in mir,
ohne dass die Natur dazu mehr beitrüge
als das einfache Werkzeug,
so wie ein Pinsel
zur Kunst eines schönen Gemäldes beiträgt.

ANTOINETTE BOURIGNON

**DER WICHTIGSTE RAT** spiritueller Meister für ihre fortgeschrittenen Schüler ist ein Paradox: »Versenke dich ganz in das Nichts, so wird Gott dein Alles sein.« Solange ich mich noch als ein »Etwas« oder ein getrenntes »Selbst« definiere, bin ich noch nicht der All-Einheit Gottes begegnet, die alles hervorbringt und umfasst. Zum Nichts werden bedeutet, dass ich zur entspanntesten Form seelischer Aktivität gelange, die es überhaupt gibt, dem reinen Gewahrsein oder »jungfräulichen Empfangen«. Dann glaube ich nicht mehr, dass ich irgendetwas tun kann oder muss, um zu Gott zu kommen. Wenn endlich alle Ich-Identifikationen in der Farbenmühle der Vergeistigung zerrieben wurden, hört die Disharmonie in der Seele auf. An ihrer Stelle erscheinen die überwältigenden Farbklänge des schockierend nahen Gottesleuchtens im ewigen Überall und Immerdar.

Dann begreife ich: Gott ist pure Gnade und er ist da, hier, jetzt, jeden heiligen Augenblick. Selbst wenn ich nach ihm suche, laufe ich genau dadurch vor ihm davon. Bis zu dem Moment, in dem ich mich zum reinen Nichts befreie und von mir absehen kann. Dann habe ich in Gott alles, weil in ihm alles eins ist.

Im Grunde brauche ich nur die demütige Bereitschaft, in das »heilige Alles« eingetaucht zu werden wie ein schlichter Pinsel in einen Tiegel mit bunter Farbe. Eine Seele, die sich dem Farbbad der Gnade nicht durch eigene Bewegungen entzieht, wird unweigerlich

»gottesfarben«. Die haarfeine, allerzarteste Bewusstseinsspitze saugt sich voll mit der Erfahrung reinen Gegenwärtigseins. So durchtränkt mit der unwandelbaren Farbe des Geistes erwacht sie in der einen, strahlenden Allgegenwart Gottes.

Wie der Pinsel führe ich nicht selbst die Bewegungen aus, sondern werde geführt. Die Mystiker sagen, dass der Mensch sich dabei ganz dem Willen Gottes überlässt, da dieser Bewusstseinszustand noch vor dem eigenen Wollen liegt. Gott wirkt und kreiert hier wie ein Künstler, der in der Seele sein Bild malt. Er erzeugt im Bewusstsein das unendliche, allzeit gegenwärtige Kunstwerk des Lebens, die absolute Fülle aller Erscheinungen, den überwältigenden Strom aus Farben und Formen, der sich unentwegt ins Dasein ergießt: »Gott, du nimmst den Zeichenstift – und die Linien tanzen. Du spielst die Flöte – und die Töne schimmern. Du bewegst den Pinsel – und die Farben singen. So wird alles sinnvoll und schön jenseits der Zeit, in dem Raum, der du bist. Wie könnte ich irgendetwas zurückhalten von dir?« (Dag Hammarskjöld).

Von dieser sinnerfüllten Schönheit überwältigt, fühle ich mich gedrängt, selbst ein Mitgestalter zu sein. Ich vollbringe Schönes, schaffe Sinnvolles um mich herum. Wie ein Pinsel wirke ich mit Gott zusammen, um dem unermesslich großen Gemälde der Wirklichkeit die eine unverwechselbare Farbe hinzuzufügen, die ich selbst bin.

## DAS SIEGEL

Mache, dass ich so fest vereinigt werde mit dir:
Wie ein Siegel mit dem Briefe, dass, wenn man das Siegel
herunterhaben will, man den ganzen Brief zerreißen muss;
dass, wenn ich von dir getrennt werden sollte,
man uns eben zerreißen müsste,
dass uns auch kein Todesbann ewiglich mehr trennen kann.
So setze mich einmal auf dein Herz!
So nimm mich auf deinen Arm!
Umfasse mich nicht nur, sondern halte mich!
Grabe dich ein! Bleibe hängen!
Lass mich nie wieder los!

NIKOLAUS LUDWIG GRAF VON ZINZENDORF

**IN DER ANTIKE** gab es das Bild vom Siegel des Himmels, unter dem das göttliche Geheimnis verschlossen liegt. In der christlichen Mystik wird Christus selbst als dieses unverbrüchliche Siegel des Lichts verstanden, das auf dem Weltenkörper liegt und Gottes Liebe zur Welt auf ewig beglaubigt. Und mehr noch: Christus transformiert auch den Mystiker in ein »lichtes Siegel« – Mystiker und Christus sind in ihrer Nähe zu Gott nicht mehr zu unterscheiden. Sie bilden eine gemeinsame Identität in Gott, die nichts zerreißen kann.

Sich nach der geistigen Ekstase der Verschmelzung mit Gott sehnen, ja sie wie ein leidenschaftlicher Liebhaber fordern – kaum jemand verbindet das heute mit einem christlichen Weg zu Gott. Für unzählige christliche (und natürlich auch islamische und jüdische) Mystiker war dagegen das »ungestüme Verlangen nach Gott« ein Weg zur letzten Vereinigung mit Gott. Wer ein personales Gottesbild hat, verliebt sich irgendwann in Gott und kann dann nicht mehr von ihm lassen. Dieses Verlangen folgt keinem kühl-abgeklärten theologischen Konzept und hält sich nicht an konventionelle Gebetsformeln. Es kreiert ein Liebesdrama zwischen der sehnsüchtigen Seele und dem fernnahen Gott. Vor allem aber zeugt dieses Verlangen und Fordern der Seele von der selbstbewussten Haltung eines liebesbegabten Erwachsenen. Solche Liebesrufe sind ja alles andere als harmlose Kindergebete zum lieben Gott. Hier fordert ein erwachsener

Mensch, dessen Herz in Liebe zu Gott entflammt ist, die wechselseitige große Liebe ein. Seine Sehnsucht verzehrt sich nach Gott wie nach einer Geliebten. Sie stürzt auf Gott zu, sie gräbt sich in ihn ein, sie bleibt an ihm hängen mit allen Herzensfasern und sie erwartet umgekehrt das Gleiche: Gott, das über alles geliebte Du, wird angerufen, diese Liebe ebenso unbedingt zu erwidern.

Das Siegel zeigt: Mystik ist auch etwas für wilde, leidenschaftliche Herzen. Nur sie wagen es, ihre Liebe zu Gott mit so explosiv erotischer Wortgewalt auszudrücken. Nur sie springen direkt in dieses unstillbare Begehren nach Gott hinein, in dem man wegschmilzt wie das erhitzte Wachs unter dem Druck des Siegels. Nur sie sind bereit, dieses Ergriffensein durch Gott mit allen Sinnen und allen Fasern des Körpers zu erfahren. Nur sie glauben tatsächlich, dass Gott sich nach der gleichen Intimität verzehrt und sich in jede Zelle einbrennen kann, so sehr, bis aus zwei eins wird und die Vereinigung unaufhebbar wird. Nur sie erleben am Ende ihre leidenschaftliche Hingabe an Gott als einen geglückten, weil unendlichen Sturz in die gewaltigen Ströme der Liebe. Diese Art von Gottesliebe triumphiert sogar über die Angst vor der endgültigen Trennung durch den Tod.

Maßlos ist das und bezwingend zugleich. Wer so liebt, trägt das Siegel Gottes direkt auf seinem aufgerissenen Herzen.

# DIE KAMELE

Mein Herz wurde fähig, jede Form zu tragen:
Es ist eine Weide für Gazellen, ein Kloster für gelehrte Mönche,
ein Tempel für Götterstatuen und die Kaaba des Pilgers;
ich finde in mir die Tafeln der Tora
ebenso wie ein Exemplar des Koran.
Ich folge stets der Religion der Liebe,
ganz gleich, wohin die Kamele der Liebe mich tragen,
dort finde ich meine Religion und meinen Glauben.

IBN AL-ARABI

**MYSTIK** ist eine gefährliche Sache in den Augen von Menschen, die gerne auf religiösen Grenzziehungen bestehen. Sie können nicht fassen, dass Gott größer ist als das kontrollierte Gebiet ihrer eigenen religiösen Überzeugungen. Der unverkennbar anti-institutionelle Sprengstoff, der in der Mystik steckt, wirkt bedrohlich, weil er auf eine Weite des Herzens zielt, gegen die man sich gerade durch das eigene religiöse Regelwerk absichern will. Der religiöse Schutz besteht oft darin, dass der eigene Glaube benutzt wird, um viele kleine getrennte Kämmerchen zu bauen, in denen alles Befremdliche untergebracht wird, auch die anderen Religionen.

Wer aber einmal den geeinten Raum der unmittelbaren Gottesschau betreten durfte, sieht keine Kämmerchen mehr. Er kennt jetzt diesen wundersamen Raum ohne Fenster und Türen, grenzenlos weit, die überquellende Oase des Geistes, in der Gottessucher aus allen Richtungen willkommen sind. Wie aber lassen sich Grenzen ziehen, wenn sich das Herz dem Grenzenlosen schlechthin ergeben hat? Diese Erfahrung macht aus Mystikern unerschrockene Nomaden des Geistes, die sich dem offenen Abenteuer Gottes in der Welt aussetzen können. Die Liebe, die sie trägt, gehört zu den starken und genügsamen Lasttieren der mystischen Karawane, deren weltweite Wanderwege uns jetzt bewusst werden.

Rund um die Erde haben Menschen ihre spirituellen Erfahrungen in Worte, Lieder, Heiligtümer und Gebete gegossen. Sie haben viele Namen gefunden für das Heilige, das sie erbeben ließ und zugleich an sich zog. Sie haben ihre Ängste, Nöte und Sehnsüchte vor Gott gebracht. Sie haben lange und intensiv über Gott nachgedacht und ihre Einsichten aufgeschrieben. So sind ehrfürchtige spirituelle Traditionen entstanden. Jede dieser Traditionen hat Mystiker hervorgebracht, die den Weg in die Versenkung fanden und Konsequenzen daraus zogen, dass ihr Herz durch die Vereinigung mit Gott unendlich geweitet wurde:

»Ich werde den Willen Gottes in keine Schranken, keine Symbole und keine Grenzen einengen, sondern ich werde ihn in all den Gestalten entgegennehmen, in denen er sich mir mitteilt. Und ich werde alle Formen achten, in denen es ihm gefällt, sich mit den anderen zu vereinigen« (Jean-Pierre de Caussade).

Diese Mystiker der Liebe sind unsere besten Lehrer für den interreligiösen Dialog im 21. Jahrhundert. Sie haben in der Stille ihrer Gottesschau gelernt, mit den Augen Gottes auf seine geliebte Welt und seine geliebten Menschen zu schauen. Sie haben den Blick Gottes für die Welt übernommen, den Blick der Liebe. Menschen mit einem solchen Blick sind Friedensstifter zwischen den Religionen, weil sie bezeugen können, dass die Karawane der Liebe in allen Herzen nach Hause kommen kann.

## DER SCHATZ

Es geht Gott nicht primär darum,
dass du dich ihm gibst,
sondern dass er sich dir schenkt …
Bittet man dich also, ihn zu lieben,
so ist das, als bäte man dich darum,
die Fülle seiner Gaben zu empfangen.
Seine Liebe, die du erfährst,
kommt niemals an ein Ende
und möchte dir immer
noch Größeres geben.

FRANCISCO DE OSUNA

**LIEBEN HEISST:** sich vorbehaltlos lieben lassen zu können. Es heißt, dem Ich nicht zu gestatten, der Liebe irgendeinen Widerstand entgegenzusetzen. Dauerhaft, nicht nur während gewisser unvergleichlicher Gipfelerlebnisse in der Kontemplation. Mystiker legen Wert darauf, dass aus der Empfänglichkeit für die Liebe eine dauerhafte Liebesbeziehung erwächst. Wenn die Seele und der absolute Geist gemeinsam in der Liebe leben, sagen sie, wirst du das Gold haben, das nicht einmal in den Schatzkammern der Könige enthalten ist.

Die Erfahrung des rückhaltlosen Sich-lieben-Lassens hält die Türen zum mystischen Schatzhaus offen, sodass man stets mit beiden Händen hineinfassen und Gottes Reichtum herausheben kann. Für Francisco de Osuna sind alle, die so nach den Schätzen Gottes greifen, um sie weiterzugeben, »Himmelsbürger«. Ihr Amt ist es, in der Liebe zu leben. Ihre Hoffnung ist es, selbst einmal so viel Liebe geben zu können, wie sie Liebe erfahren haben.

Himmelsbürger knausern nicht. Gottes Reichtum kann eigentlich nur mit vollen Händen ausgegeben werden. Wenn man aber das, was einem von Gott zuströmt, nicht annimmt oder sich weigert, es weiterzuschenken, dann unterbricht man den reichen Strom der Güte Gottes. Alles, dem dieser Strom zugedacht war, verarmt, am meisten aber man selbst. Sobald ich etwas für mich festhalten will, verursacht das eine Zusammenziehung in die Ich-Welt hinein. Das ist leider das beste Mittel, um die Unmittelbarkeit der Gottesgegenwart zu verlieren und beim alten Ego zu landen.

Spirituelle Freigebigkeit ist der einzige Weg, das Ego bleibend mattzusetzen und die Türen des mystischen Schatzhauses offen zu halten. Vor allem hilft man dadurch, die guten Absichten Gottes in die Materie einzuprägen, mit seiner heiligen Kraft zusammenzuwirken und andere Menschen zu bereichern. Alles, was ich Gutes von Gott empfange, kann ich bedenkenlos weiterschenken. Es wird wiederum Gutes bewirken. Mystiker, die sich an der maßlosen Großzügigkeit Gottes orientieren, berichten, dass sie gar nicht mehr anders können, als dieser Verpflichtung zum Weiterschenken zu folgen.

Das Prinzip dahinter ist das der Gleichartigkeit: Der Mensch wird zu dem, was Gott in ihm ist. Dann lebt er als *Seine* Großzügigkeit, als *Seine* verschwenderische Zuneigung, als *Seine* Liebenswürdigkeit und Fülle unter den Menschen. Nur im Verschenken und Ausgeben dieser Reichtümer kann man bleibend erfahren, dass man selbst die Herrlichkeit Gottes ist, die nichts für sich behält. Und so stehen wahrhaft mystisch Liebende mit leeren Händen da wie Bettler. Allerdings wollen sie nichts. Sie betteln darum, anderen ihr Leben in Gott schenken zu können.

# DAS ALL

Von der Tiefe bis hoch zu den Sternen
überflutet die Liebe das All,
sie ist liebend zugetan allem,
da dem König, dem Höchsten,
sie den Friedenskuss gab.

HILDEGARD VON BINGEN

**WONACH** sehnt sich die Erde? Was braucht unser blauer Planet, der als leuchtendes, atmendes Juwel im dunklen Universum schwimmt, am meisten? Er verlangt nach Menschen, die zum kosmischen Bewusstsein erwachen.

Laotse nannte bereits im 4. Jahrhundert vor Christus das Ich eine »Leihgabe des Alls«. Dem Mystiker in uns ist es möglich, diese Leihgabe an das Universum zurückzugeben. Er kann unser egozentrisches Bewusstsein dauerhaft gegen ein kosmozentrisches eintauschen. In seiner mystischen Schau des Kosmos erkennt er, dass alle Erscheinungen, alle Elemente, alle Punkte im Universum von einer großartigen Energie durchdrungen werden, die auch in uns pulsiert.

Das All, dessen Grenzen wir nicht erfassen können, lehrt uns die All-Einheit zu akzeptieren. Hier haben wir das größtmögliche Symbol für die absolute Unteilbarkeit der Wirklichkeit. Und wir leben mitten darin! Alles hängt hier mit allem zusammen, nichts kann aus diesem Reich herausfallen. Im Sternennetz der kosmischen Verbundenheit kann nichts und niemand ohne Beziehung sein. Unsere Ur-Beziehung ist, dass wir Teil dieser gigantischen All-Einheit sind.

Wir sind also keineswegs isolierte, einsame und verlorene Wesen im Weltall. Wir sind eine Erfahrung des Universums als menschliche Wesen. Wir sind aus Sternenstaub gemacht, aus der gleichen Materie, die vor Milliarden von Jahren im Urknall explodierte.

Jedes Atom ist in diese ursprüngliche und ewige Zusammengehörigkeit des Alls verliebt. Und unsere Seele ist der Ort im Kosmos, um das zu begreifen und dieses Verliebtsein zu teilen.

Das christliche Bild dafür ist der kosmische Christus. Er gehört keiner Konfession oder dogmatischen Schule an. Er ist nicht einmal auf das Christentum beschränkt, da für ihn keinerlei Beschränkungen existieren. Der Kuss des kosmischen Christus ist die mystische Chiffre für den Geist, der auf zarte Weise alle Strukturen der Materie von der Tiefe bis hoch zu den Sternen durchdringt, in Liebe, Frieden und Mitleiden.

Wer wie der kosmische Christus nichts ausschließt und nichts und niemanden zurücklassen kann, wird selbst ein Universum aus Liebe. Er kann voller Freude am kosmischen Spiel des Geistes in allen Weltenräumen teilhaben. Alles ist mit allem versöhnt und im Frieden. Diesen Frieden spüren wir als überraschendes Neuwerden, als schöpferisches Anfangen, das in uns, für uns und durch uns geschieht. Das kreative Universum glänzt durch seine unendliche Aktualität und zieht alles in seine dynamischen Prozesse hinein. Und wenn wir es dankbar als unsere wahre Heimat feiern und dazu beitragen, den kosmischen Erinnerungsspeicher mit Liebe zu füllen, legt uns Gott den »nahtlosen Mantel des Universums« um, wie es der Prozessphilosoph Alfred North Whitehead poetisch ausdrückte.

## DAS SÜPPLEIN

Wäre der Mensch so in Verzückung,
wie es der heilige Paulus war,
und wüsste einen kranken Menschen,
der eines Süppleins von ihm bedürfte,
ich erachtete es für weit besser,
du ließest aus Liebe von der Verzückung ab
und dientest dem Bedürftigen in einer größeren Liebe.

MEISTER ECKHART

**DAS WAHRE** Erkennungszeichen eines Lebens im ungeteilten Sein der Gegenwart Gottes ist mein Verhalten im Alltag. Lebe ich in der ungeteilten Barmherzigkeit, die als »erste Wirkung Gottes« allem vorausläuft? Kann ich mich zu jeder Zeit liebevoll einem Du zuwenden?

Heinrich Seuse, ein Schüler Meister Eckharts, berichtet in seinem Lebensrückblick mit entwaffnender Ehrlichkeit, wie er – als fortgeschrittener Kontemplativer – selbst daran scheiterte.

Er hatte sich tief ins mystische Gebet versenkt und war dabei in die Freuden der Gottespräsenz getaucht. Da klopfte eine Frau an die Klosterpforte und bat um ein Seelsorgegespräch mit ihm. Seuse ließ sie wegschicken, weil er nicht aus seiner Verzückung gerissen werden wollte. Aber nun konnte er nicht mehr weitermeditieren. Es dauerte eine Weile, bis er begriff, dass er mit der Frau, die bekümmert weggegangen war, auch Gott abgewiesen und Leid verursacht hatte. Nun waren auch Gott und seine Freude verschwunden. Seuse erschrak sehr über sich, sprang auf und lief der Frau nach.

Es gibt eine dienende Liebe, die die Liebe zum Augenblick der Gotteserfahrung übersteigt. Meister Eckhart hat dafür eine simple »Dienstanweisung« geschrieben: »Immer ist die wichtigste Stunde die gegenwärtige. Immer ist der wichtigste Mensch der, der dir jetzt gegenübersteht. Immer ist die wichtigste Tat die der Liebe.«

Darum streben Menschen mit mystischen Erfahrungen in ein aktives Leben zurück. Ihre liebevolle Hingabe an Gott drückt sich als hingebungsvolle Liebe zum Menschen aus. Beides ist ohnehin eins, da sie Gott in jedem Menschen erkennen können, Christus in jedem Armen, die Gelegenheit zur Liebe in jedem Augenblick.

Für geistig erwachte Menschen ist der Dienst am Nächsten eine Freude, die als Frucht am Baum der spirituellen Erkenntnis gewachsen ist und einfach weitergegeben wird. Für Christen ist dieses Teilen-Wollen die tägliche Nachfolge auf den Spuren Jesu. Der eigene Weg zum Dienst praktisch gelebter Güte kann anfangs aus kleinen Gesten bestehen und im Verborgenen beginnen. Man achtet einfach darauf, was in diesem Augenblick das Richtige sein könnte.

Vielleicht führt es dazu, dass ich mich liebevoll um einen Familienangehörigen kümmere. Vielleicht werde ich aktiv für bedürftige Bürger in der eigenen Stadt oder für Menschen in anderen Regionen dieser Erde, die ich nie kennenlernen werde und deren Wohlbefinden mir doch ebenso, ja vielleicht sogar mehr am Herzen liegt als das eigene. Das wahrhaftige Glück liegt darin, seinen Weg des Dienens gesucht und gefunden zu haben. Dienen als höchste spirituelle Praxis verpflichtet sich uneingeschränkt dem Wohlergehen anderer. Oder wie Meister Eckhart sagt: »Was wir in der Kontemplation eingenommen haben, das geben wir wieder aus in der Liebe.«

## DIE VÖGEL

Wohin die Vögel auch fliegen,
sie finden ihr Element, die Luft, in der sie sich bewegen.
So finden auch wir Gott überall gegenwärtig,
wohin auch immer wir gehen mögen.

FRANZ VON SALES

**DIESES LETZTE BILD** hält einen atemberaubenden Moment fest: Das kraftvolle Aufschwingen von Vögeln in ihr eigentliches Element, die Luft. Das Flügelschlagen ist ein grandioser Akt des Vertrauens in einen unsichtbaren Raum, der als unterste Luftschicht unsere Erde einhüllt. Er wird Troposphäre genannt, Reich der Wandlungen.

Unser Reich der Wandlungen, in das wir uns aufschwingen können, ist die unsichtbare Sphäre des reinen Geistes, die uns beständig umhüllt und zugleich ausfüllt. Sie ist das Ur-Element, das göttliche Milieu, in dem die Seele zu Hause ist. Die Mystikerin Elsbeth Stagel erinnert uns an das Elementarste überhaupt: »Ich schwimme in Gott wie der Adler in der Luft«, ruft sie begeistert aus und lädt uns ein, es ihr gleichzutun. Dass wir immer in ihm sind und nie aus ihm herausfallen können, das ist Gnade. Es zu erkennen, schenkt Ehrfurcht, Freude, Geborgenheit.

In dieser begnadeten Atmosphäre kann unsere erwachte Vogel-Seele die Strömungsmuster des Geistes studieren, die heiligen Aufwinde spüren und sich in die spontanen göttlichen Verwirbelungen ziehen lassen, die alles in Bewegung setzen und transformieren.

Mystische Spiritualität ist Transformation, die uns die Augen für die Kreativität Gottes öffnet. Sie hat jeden Einzelnen von Anfang an so ausgestattet, dass er alles hat, um mit dem Göttlichen mitschwingen zu können. Sobald sich dieses Bewusstsein in uns durchsetzt, beginnt unsere Verwandlung. Wir erfassen die Aufwärtsbewegungen des Geistes und wir *sind* sie zugleich selbst, sie geschehen durch uns. Wir fangen an, dieses dynamische Kraftfeld des Geistes zu lieben, gerade *weil* es sich ständig ändert und weiterentwickelt.

Und weil wir dieses Reich der Wandlungen *selbst* verkörpern, lädt *unsere* sichtbare Transformation auch andere zur Transformation ein, durch unseren Lebensstil und unsere Präsenz im Alltag. Echte Mystiker halten sich nie für vollkommen. Dazu sind sie sich zu sehr ihrer Fehler und Schattenanteile bewusst. Aber ihr geistiges Flügelschlagen erzeugt in ihnen das gesunde Bestreben, immer noch etwas wacher, geerdeter, nüchterner, geduldiger, liebevoller, gelassener und fürsorglicher zu werden. Von ihnen können wir lernen, uns immer wieder in den gegenwärtigen Augenblick zu holen. Oder darauf zu achten, gedanklich nicht die Sorgen von morgen in unser Heute hineinzunehmen. Oder uns darin zu üben, alle schönen und schweren Geschehnisse, denen wir ausgesetzt sind, von dem wahren Frieden her zu beurteilen, den wir im Inneren hüten.

Um auf dieser authentischen Flughöhe des Geistes zu segeln, reicht es zu wissen: Das Reich Gottes ist immer schon da. Es passiert genau hier, durch uns und durch das, was wir bereit sind, in Liebe zu tun, jetzt, wo wir Gott erkennen, gegenwärtig und offenbar in jedem einzelnen Augenblick.

JAKOB BÖHME (1575–1624), protestantischer Schuhmachermeister, bedeutender deutscher Philosoph und Verfasser mystischer Schriften zur Gottesgeburt auf dem Seelengrund, darunter »Aurora«.

ANTOINETTE BOURIGNON DE LA PORTE (1616–1680), radikale flämische Mystikerin, Einsiedlerin und Gründerin einer christlichen Kommunität, die mit eigener Druckerpresse durch die Lande zog, um ihre Schriften zu verbreiten.

JOHANNES CASSIAN (UM 360–430/435), Mönchsvater und bedeutender Lehrer des ostkirchlichen Herzensgebets, der auch im Westen hoch geschätzt wurde. Wichtige Schrift: »Vierundzwanzig Unterredungen mit den Vätern«.

JEAN-PIERRE DE CAUSSADE (1675–1751), Jesuitenpater und Spiritual eines Frauenordens und Exerzitienhauses in Nancy. Er lehrte die Hingabe an Gott im »Sakrament des gegenwärtigen Augenblicks«.

KARLFRIED GRAF DÜRCKHEIM (1896–1988), Diplomat, Vertreter der transpersonalen Psychologie (Begründer der initianischen Therapie) und Zenlehrer, eigene »Existenzialpsychologiesche Bildungsstätte« in Rütte/Todtmoos.

MEISTER ECKHART (1260–ca. 1328), Dominikaner, Professor für Theologie in Paris und Köln, Ordensprovinzial. Rege Predigertätigkeit, lehrte die nonduale Einheit mit Gott (unio mystica).

DAG HAMMARSKJÖLD (1905–1961), schwedischer Diplomat und Generalsekretär der UNO. Seine mystischen Schriften erschienen erst 1963, auch der Friedensnobelpreis wurde ihm posthum verliehen.

HILDEGARD VON BINGEN (1098–1179), Äbtissin vom Rupertsberg, Ärztin, Komponistin, Poetin, Prophetin mit Visionen. Hauptwerke: »Wisse die Wege«, »Buch der Gotteswerke«, Briefwechsel mit bedeutenden Personen der damaligen Zeit.

IBN AL-ARABI (1165–1240), vielgereister spanischer Sufi-Mystiker von großem Einfluss. Wegen seiner Weisheit, religiösen Toleranz und großartigen Liebesmystik wird er im Islam als »größter Meister« verehrt.

MARTIN LUTHER (1483–1546), protestantischer Reformator, der in seiner Frühzeit als Augustinermönch und Doktor der Theologie mystische Schriften las und herausgab (Theologia Deutsch).

MECHTHILD VON MAGDEBURG (um 1207–um 1282), adelige Begine mit mystischen Erfahrungen seit ihrer Kindheit. Lebte am Ende ihres Lebens im Kloster Helfta. Wichtigstes Buch: »Das fließende Licht der Gottheit«.

MIGUEL DE MOLINOS (1628–1696), spanischer Priester, Seelsorger und Spiritual von Papst Innozenz XI. Warmherziger Autor einflussreicher Lehrbücher zum kontemplativen Gebet der Versenkung. Wurde als Ketzer denunziert, von der Inquisition zu lebenslanger Haft verurteilt und vermutlich langsam vergiftet.

THOMAS MÜNTZER (1489–1525), protestantischer Theologe und sozialrevolutionärer Mystiker, der sich für die gewaltsame Befreiung der Bauern einsetzte und eine gerechtere Gesellschaftsordnung anstrebte. Er wurde hingerichtet.

FRANCISCO DE OSUNA (1492–1542), andalusischer Franziskanerpriester in einem Rekollektenhaus, lehnte hohe Ämter ab, zahlreiche Reisen durch Europa. Meister des kontemplativen Gebetes, einflussreiche Schrift zur unio mystica: »Drittes geistliches ABC«.

DSCHELALEDDIN RUMI (1207–1273), islamischer Theologe und Mystiker der Liebeshingabe an Gott (Sufismus). Einer der größten persischen Poeten, Gründer des Mevlevi-Ordens der tanzenden Derwische, wird im Islam als Heiliger verehrt.

FRANZ VON SALES (1567–1622), Bischof von Genf und spiritueller Bestsellerautor, vertrat Freundlichkeit der Gottesliebe, 1665 heiliggesprochen, seit 1877 zum Lehrer der katholischen Kirche erhoben.

ELSBETH STAGEL (um 1300–1360), Schweizer Mystikerin, Priorin des Dominikanerinnenklosters Töss, Briefwechsel mit Heinrich Seuse (1295–1366), Schüler Meister Eckharts.

GERHARD TERSTEEGEN (1697–1769), Seidenbandweber und evangelischer Mystiker. Seelsorger mit heilkundlichen Kenntnissen, Dichter geistlicher Sinnsprüche und mystischer Lieder (»Gott ist gegenwärtig«).

HENRY DAVID THOREAU (1817–1862), amerikanischer Mystiker, Lehrer und Gelegenheitsarbeiter, Vorreiter eines gewaltfreien Widerstands gegen Unrechtsstrukturen. Berühmt durch sein Buch »Walden«, mit Reflexionen über sein zwei Jahre währendes Leben als Waldeinsiedler.

NIKOLAUS LUDWIG GRAF VON ZINZENDORF (1700–1760), lutherischer Theologe pietistischer Prägung, Dichter von über 2000 Kirchenliedern, Gründer und Bischof der Herrnhuter Brüdergemeine.

## TROMMEL

Henry David Thoreau, Walden oder Leben in den Wäldern, Diogenes Verlag Zürich 1971, S. 316.

## WIESE

Jakob Böhme, Aurora, 11. Kapitel, zitiert nach Gerhard Wehr, Profile christlicher Spiritualität, Novalis Verlag Schaffhausen 1982, S. 93.

## TÜR

Meister Eckhart, Einheit im Sein und Wirken, hrsg. von Diethmar Mieth, Piper Verlag München 1986, S. 92: Von Abgeschiedenheit. Text sprachlich leicht modifiziert von MK.

## FLAUM

Johannes Cassian, collationes patrum, 24 Unterredungen mit den Vätern, darin: Gespräche mit Abba Issak über das Gebet, 4. Abschnitt: Von der Beweglichkeit der Seele, in: Sämtliche Schriften des ehrwürdigen Johannes Cassianus: erster Band / aus dem Urtexte übers. von Antonius Abt (Bibliothek der Kirchenväter, 1 Serie, Band 59), Kempten 1879. Kurzfassung des Abschnitts von MK unter Einbeziehung von: Peter Dyckhoff (Hrsg.), Johannes Cassian, Das Ruhegebet – eine Einübung, Kösel-Verlag München

1992, S. 32. Zu Thomas Müntzer siehe Dorothee Sölle, Mystik und Widerstand, Piper Verlag München 1999, S. 120.

### PAPIER

Peter Dyckhoff (Hrsg.), Finde den Weg, Geistliche Wegweisung nach Miguel de Molinos, Don Bosco Verlag München [2]2000, S. 94.

### SCHNEE

Dschelaleddin Rumi, Offenes Geheimnis, Knaur Verlag München 1994, S. 80.

### KISSEN

Mechthild von Magdeburg, Ich tanze, wenn du mich führst, Herder Verlag Freiburg i.Br. 2001, S. 55.

### FENSTER

Martin Luther, Von den guten Werken (1520). Von dem guten Werk zum ersten Gebot, Zum siebten (Argument); Weimarer Ausgabe 6, 204 ff.

**PINSEL**

Peter Sloterdijk (Hrsg.), Mystische Zeugnisse aller Zeiten und Völker gesammelt von Martin Buber, Eugen Diederichs Verlag München 1994, S. 231. Dag Hammarskjöld, Zeichen am Weg, Pattloch Verlag München 2001, S. 104.

**SIEGEL**

Friedrich Eras, Helmut Winter (Hrsg.), Perlen des Glaubens. Worte, die gültig bleiben, Claudius Verlag München, [2]1987, S. 98.

**KAMELE**

Ibn al-Arabi, Tarjuman al-'Ashwaq Nr. 11. Jean-Pierre Caussade, Ewigkeit im Augenblick, Herder Verlag Freiburg i.Br. 1940, S. 76.

**SCHATZ**

Erika Lorenz (Hrsg.), Francisco de Osuna, Versenkung. Weg und Weisung des kontemplativen Gebetes, Herder Verlag Freiburg i.Br. 1982, S. 128.

### ALL

Die lateinische Antiphon der Hildegard von Bingen lautet: Caritas abundat in omnia / de imis excellentissima / super sidera / atque amantissima in omnia / quia summo Regi / osculum pacis dedit.

### SÜPPLEIN

Reden der Unterweisung 10, in: Meister Eckhart, Deutsche Predigten und Traktate (DPT), hrsg. v. Josef Quint, München 1969, S. 67. Das zweite Eckhart-Zitat findet sich in: Hubertus Halbfas, Der Glaube, Patmos Verlag Ostfildern, S. 497.

### VÖGEL

Franz von Sales, Liebe ist Freundschaft mit Gott, hrsg. von Walter Krieger, Don Bosco Verlag München 1995, S. 92. Das Zitat von Elsbeth Stagel findet sich in: Richard Reschicka, Praxis christlicher Mystik, Herder Verlag Freiburg i.Br. 2007, S. 29.

## DAS AUGE (COVER)

JEAN AUGUSTE DOMINIQUE INGRES (1780–1867)
Porträt des Charles-Joseph Laurent Cordier (Ausschnitt), 1811,
Öl auf Leinwand
Louvre, Paris

## 1. DIE TROMMEL

WILLIAM MORRIS HUNT (1824–1879)
»The Drummer Boy«, um 1862, Öl auf Leinwand
Museum of Fine Arts, Boston

## 2. DIE WIESE

CLAUDE MONET (1840–1926)
»Wiese mit Mohnblumen«, um 1875, Öl auf Leinwand, 54,6 × 65,4 cm
Museum of Fine Arts, Boston

## 3. DIE TÜR UND DIE ANGEL

ALEXANDRE ANTIGNA (1817–1878)
»Das Feuer«, 1850–1851, Öl auf Leinwand
Musée des Beaux-Arts, Orléans

## 4. DER FLAUM

JAN ASSELIJN (1610–1652)
»Der bedrohte Schwan«, um 1650
Rijksmuseum, Amsterdam

## 5. DAS PAPIER

JAN DAVIDSZ DE HEEM (1606–1683/84)
Bücherstilleben, 1628
Königliche Gemäldegalerie Mauritshuis, Den Haag

## 6. DER SCHNEE

CLAUDE MONET (1840–1926)
»Schnee in Argenteuil«, um 1875, Öl auf Leinwand
Museum of Fine Arts, Boston

## 7. DAS KISSEN

HENRI DE TOULOUSE-LAUTREC (1864–1901)
»Das Bett«, 1892–1893, Öl auf Karton
Musée d'Orsay, Paris
© The Bridgeman Art Library, Berlin

## 8. DAS FENSTER

PIETER DE HOOCH (1629–1684)
»Gesellschaft im Innenhof«, um 1663/65,
Öl auf Leinwand, 60,0 × 45,7 cm
Rijksmuseum, Amsterdam
© akg-images, Berlin

## 9. DER PINSEL

ARNOLD BÖCKLIN (1827–1901)
»Selbstbildnis mit fiedelndem Tod«, 1872,
Öl auf Leinwand, 75,0 × 61,0 cm
Alte Nationalgalerie, Berlin
© akg-images, Berlin

## 10. DAS SIEGEL

**CORNELIS NORBERTUS GIJSBRECHTS (vor 1657–nach 1675)**
Quodlibet/Vanitas-Stillleben/Stillleben mit Briefen, 1675, Öl auf Leinwand
Wallraf-Richartz-Museum, Köln
© Rheinisches Bildarchiv Köln, rba_c011283

## 11. DIE KAMELE

**GIOTTO DI BONDONE (1266–1337)**
»Anbetung der Könige«, 1303–1305, Fresko, ca. 185 × 200 cm
Aus dem Zyklus mit Szenen aus dem Leben Mariae und Christi.
Padua, Arenakapelle (Cappella degli Scrovegni), rechte Wand, mittlere Reihe, 2. Bild
© akg-images/Cameraphoto, Berlin

## 12. DER SCHATZ

**HENRI LEHMANN (1814–1882)**
»Die Anbetung der Könige«, 1854, Öl auf Leinwand
Dahesh Museum of Art, New York
© Dahesh Museum of Art, New York/The Bridgeman Art Library, Berlin

## 13. DAS ALL

VINCENT VAN GOGH (1853–1890)
»Die Sternennacht«, 1889, Öl auf Leinwand, 73,7 x 92,1 cm
Museum of Modern Art, New York

## 14. DAS SÜPPLEIN

ANNA ANCHER (1859–1935)
»Mutter und Kind«, 1880–1881, Öl auf Holz, 40,0 × 32,0 cm
Museum Kunst der Westküste, Alkersum/Föhr

## 15. DIE VÖGEL

JEAN-LÉON GÉROM (1824–1904)
»Haremsdamen beim Tauben füttern«, 1894,
Öl auf Leinwand, 60,3 × 81,6 cm
Christie's Images Ltd

**MARION KÜSTENMACHER,**
geb. 1956, evangelische Theologin und Germanistin, langjährige Arbeit als Verlagslektorin und Redakteurin, jetzt freiberuflich tätig als Coach für spirituelle Persönlichkeitsentwicklung mit den Schwerpunkten Enneagramm, Symbolarbeit, Wertimagination und Mystik.

Bildredaktion und kunsthistorische Beratung
LUKAS KÜSTENMACHER, HEIDELBERG

MIX
Papier aus verantwortungsvollen Quellen
FSC® C084279

Verlagsgruppe Random House FSC-DEU-0100
Das für dieses Buch verwendete FSC®-zertifizierte Papier
*Profisilk* liefert Sappi, Ehingen.


Umschlag: Weiss / Werkstatt / München
Umschlagmotiv: Jean Auguste Dominique Ingres (1780–1867), Porträt des Charles-Joseph Laurent Cordier (Ausschnitt), 1811, Louvre, Paris © akg-images/Erich Lessing, Berlin
Druck und Bindung: Polygraf Print, Presov
Printed in Slovak Republic
ISBN 978-3-466-37033-7

Weitere Informationen zu diesem Buch und unserem gesamten
lieferbaren Programm finden Sie unter www.koesel.de